Liebe meines Lebens

Impressum
1. Auflage
Copyright © 2019 EDDA-Dagmar Fröhlich
Inhalt und Design: EDDA-Dagmar Fröhlich
Alle Rechte vorbehalten.
ISBN: 9781072605201

Dieses Werk ist zwar einschließlich aller seiner Teile urheberrechtlich geschützt, aber Du darfst damit Freude haben, Dich stundenlang damit beschäftigen, Deine Gedanken darin festhalten und es gestalten, wie Du es möchtest. Aber natürlich brauchst Du von all dem auch nichts tun und kannst es einfach in Liebe verschenken.

Ich wünsche Dir viele Glücksmomente mit diesem Bullet Journal

EDDA :-)

contact@eddart.de | www.art-shopping.net

Printed in Poland
by Amazon Fulfillment
Poland Sp. z o.o., Wrocław